Theodor Leschetizky

Die erste Falte - komische Oper in einem Akt

Theodor Leschetizky

Die erste Falte - komische Oper in einem Akt

ISBN/EAN: 9783743497832

Hergestellt in Europa, USA, Kanada, Australien, Japan

Cover: Foto ©Thomas Meinert / pixelio.de

Weitere Bücher finden Sie auf **www.hansebooks.com**

Ouverture.

Ped. * Ped. * Ped. * Ped. * Ped. * Ped. *

Ped. * Ped. *

Ped. * Ped. *

mf cres. f

* Ped.

*→ mögliche Abkürzung bis zum nächsten Zeichen.

ff mf cres.

Ped. Ped.

* * Ped. * Ped.

cen do

* Ped. * Ped. *

f dim. p

Ped. * *

X

legato il canto e espressivo.

№ 1.
Iᵗᵉ Scene.

JULIETTE. (Am Fenster dem Publikum abgewandt.)

Allegro. M.M. 116.

mag die To-i-let-te ein wenig ein we-nig ruhn. Mi-nister Ju-li-et-te hat mehr jetzt zu

Ped. ✻ *Ped.* ✻ *Ped.* ✻

ritard. e dim.

thun. Drum mag die To-i-let-te, ein we-nig noch, ein we-nig noch ruhn____ Mi-

nis-ter Ju-li-et-te hat mehr hat mehr jetzt zu thun Mi-nis-ter Ju-liette hat jetzt mehr zu

mf *p* *mf*

Ped. ✻

Allegro. M.M. ♩ 108.

thun, hat jetzt mehr zu thun. Ge-duld Frau Mar-qui-se ich

p *ff* *p*

cres. *f*

weiss meine Pflicht. Ge-schäf-te wie die-se ver-schie-ben sich nicht___ Geduld, Geduld, Ge _ duld Frau Mar _ qui, sei ich weiss mei _ ne Pflicht. Ge _ duld, Ge _

schäf _ te wie die _ se ver _ schie _ ben sich nicht.

schie _ ben sich nicht.

molto rit.   rit.   Tempo I.

II. volta.

1.   Abkürzung

Drei

auf 2. libitum bis zum nächsten Zeichen.

cres.   dim.

cres.   dim.

C. 25404.

2te Scene.

JULIETTE und VICOMTE.

JULITTE. (Ha! was ist das? Schritte im Seitengang wer sollte – wie seh ich recht – der Herr Vicomte.)

6

Vicomte.
Ja ich bin schuldig. doch an dem Fen ster glaubt ich Ju liet tens Kopf zu sehn da

konnt ich. län ger nicht nicht wi der ste hen zum Hin ter

thür chen schlich ich her. thür chen schlich ich sacht her ein.

Juliette.
Zum Hin ter thür chen gleich ei nem

Vicomte.
Die be, was trieb euch Herr da zu? Die

8

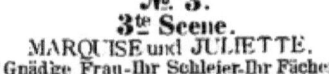

№ 3.
3te Scene.
MARQUISE und JULIETTE.
(Gnädge Frau-Ihr Schleier-Ihr Fächer.)

Allegro moderato.

Juliette.

Ha! was seh' ich! ist's nicht Täuschung?

Piano.

Marquise.

nicht ein Spiel der Fan_ta_sie? Sprich, was siehst du? sprich, was

Juliette.

siehst du? nichts, nichts! nichts,

Du zitterst, du zitterst, und es wan_ken dei_ne Knie.

nichts! Ach er_

Più moderato.

was sahst du sprich!

laubt dass ich mich hal_te, denn ich seh; auf Ih_rer

20

J: Fal_te, sie ruft zur Hoch_zeit ist's ho_he Zeit, dass heut mein Köpfchen noch Recht be_

M: Le_be_wohl du er_ste

J: hal_te, hilf du mir du heil'ge Ei_tel_keit. ha gut_ge_trof_fen, du

M: Ju_gend_zeit, le_be wohl du er_ste Ju_gend_zeit

J: klei_ne Fal_te, sie ruft, sie ruft zur Hochzeit ist's ho_he Zeit, zur Hochzeit

M: ach wie ich auch den Spiegel hal_te ach wie ich auch den

J: ist's ja Zeit ho_he Zeit ha ge_trof_fen ha gut ge_trof_fen die klei_ne

C.   25101.

Sein Herz, so zu ver-schen . ken

Marquise.
Es ist die höch . ste Frist!

Juliette.
Man muss doch erst __ be . den . ken

Marquise.
Bis man noch äl . ter ist.

Juliette.
Das Fält . chen das sie schreck . te

Marquise.
und das dein Aug' ent . dek . te,

Juliette.
Bei

c. 25404.

4te Scene Melodram.

JULIETTE. "Wahrhaftig, ja der Himmel selbst soll entscheiden, heisse es
jetzt Zufall oder Vorschung, das Schicksal wird gescheidter sein als wir kurzsichtige
Menschen."

Andante. ♩ = 63.

(sprechend)

Juliette. Schicksal hö _ re, wie ich Dich jetzt be _ schwö _ re, in mei _ ner

Piano. pp

Schürzen Sie _ fe schütt'l ich die _ se Brie _ fe. Das süs _ se Ja, das bit _ tre Nein!

mir selbst soll es unkenntlich sein; mit unpartheischen Händen werd' ich sie jetzt ent _ sen _ den

jetzt Schicksal wal _ te, dass der Rech _ te, den Rechten er _ hal _ te.

(schreibt die Adressen.) (an den Herrn Grafen v.Chabran!) (an den Herrn Simon Descourcelles! An den General-Einnehmer an den Herrn Vicomte d'Etiolles, ruft! Firmin!

5ᵗᵉ Scene. JULIETTE und FIRMIN (Dialog.)
6ᵗᵉ Scene. JULIETTE № 4.

(Aber diesmal ihr guten Geister helft mir ich bitte Euch.)

All ihr A_mou_ret_ten, o lei_het Ju_li_et_ten zum ge_

wag_ten Spiel. Eu_re Ro_sen_ket_ten, zum ge_wag_ten

Spiel All __ ihr A_mou_ret_ten, lei_het Ju_li_et_ten eu_re Rosen_ket_

ten.

m be son nen war ich und wie blind,

was hab ich be gon nen, Weh mir ar men Kind giebt's den

ter, kei ne kei ne Hilfe hier?

ne, kei ne Hil fe hier, ach ihr Liebes göt ter

commt und hel fet mir. Ach ihr Liebesgöt ter

leihet Ju_li_et_ten zum ge_wag_ten Spiel. Eu_re Ro_sen

ket_ten zum ge_wag_ten Spiel, all___ ihr A_mou_ret_ten

leihet Ju_li_et_ten eu_re Ro_sen_ket_ten zum gewag_ten Spiel.

Ah_____ Eu_re Ro_sen_ket_ten zum ge_wag_ten Spiel.

Vivace.

№ 5.
7te Scene. Duo.
JULIETTE und FIRMIN.

FIRMIN („also Zoé sagte er in der Verwirrung und dann, ha, ha.")

Molto vivace. ♩ = 69.

kommt ___ ge _ wiss ge _ wiss zum Ren _ denz _ vous,

so küss _ te er das Bil _ let _ doux. Ha ha ha ha ha ha.

Firmin.

Nun wa _ rum lachst du nicht? mein Kind?

Juliette.

warum? wa _

rum, weil Sie ein Töl _ pel sind ein Töl _ pel

Firmin.

ich? ist das mein Lohn?

Was

lau _ fen Sie so schnell so schnell davon

Firmin.

weil du so

51

Andante. ♩ = 72.

Sie! Für Sie bin ich so schnell ge-

flo.gen, für Sie trug ich den Schlag da.von, drum Kind sei wie der mir ge.wo.gen und

(die Wange hinhaltend)

gib mir meinen Bo.ten.lohn der er.ste Kuss war gar so süss nun krieg ich nichts mehr!

Allegro con fuoco. ♩ = 104.

(giebt ihm eine Ohrfeige)   Firmin.

Nichts als dies! Ha das ist heu.te nun schon die zwei.te ha

das ist heu.te nun schon die zwei.te, schon die zwei.te!

57

№ 7.
9te Scene.

RECITATIF COUPLET und ARIE.der MARQUISE.(lass mich allein.)

62

C. 254⁰⁵

64

Andantino. *Tempo I.*

Wie klopft mein Herz, jetzt ist's geschehn,
er kommt! der unser Brief schon fand.
Ach könnt ich nur ein bischen sehn,
wen uns das Schick _ sal her _ gesandt.

(Vicomte eintretend.)

Vicomte.

wie klopft das Herz.

wie klopft mein Herz. ich soll sie sehn. das Brieflein kommt von

wohl doch hört mich an, ver_nehmt denn!

liebt mich, ihr liebt _____ mich.

Das ich wohl Euch lie _ ben doch nie die Eu _ re wer_den kann.

Was hör ich wie?

Die

Mei _ ne nie? die Mei _ ne nie?

So hat ver_ge_bens

Hoff _ nung ver_ge _ bens Hoff _ nung ge _ lacht. _____

Poco più vivo. ♩.= 81.

M: Ha wie be_glückt mich des Ar_men Pein   ach wie ent_zückt es ge_liebt zu sein

J: Ha wie ent_zückt sie des Ar_men Pein   bra_ vo bra_ vis_ si_ mo jetzt ist sie sein,

V: *espressivo.* sein,   so hat _____ ver_ ge_ bens

p

Ped.   ✳   Ped.   ✳

molto rit.   *a tempo.*

M: ach wie beglückt, wie beglückt des Ar_men Pein.   ach wie be_glückt es ge_liebt zu sein

J: bra_vis_si_mo jetzt istsiesein ist sie sein sein   Ha wie er_greift siedes Ar_men Pein

V: Hoff_ nung ver_ge_bens Hoff_nung ge_lacht.   Du

molto rit.

f   *p a tempo.*

Ped.   ✳ Ped.   ✳ Ped.   ✳ Ped.   ✳

M: ach wie beglückt, ach wie entzückt, ach wie beglückt, ach wie entzückt ge_

J: jetzt ist sie sein, jetzt ist sie sein, bra_vis_si_mo, bra_vis_si_mo,

V: Stern _____ meines Le_bens du sinkst _____ in Nacht du

Ped.   ✳   Ped.   ✳   Ped.   ✳   Ped.   ✳

78

M

V

ritard.   *f*   *a tempo.*

ge-liebt — zu sein. Sie hat mich ge-lei - tet die

Ein Glück nur gibt es ge - liebt — zu sein ge-liebt — zu sein. So darf ich sie fas-sen die

Ped.   ✲

M

V

zau-bern-de Hand. ein Traum war die Sor - ge die flüchtig ent - schwand, — dem

himm — li-sche Hand ein Traum war die Sor - ge die flüch - tig entschwand, o

Ped.   ✲   Ped. ✲   Ped.   ✲ Ped.   ✲

M

V

lie-ben-den Her-zen will ich mich weihn, — ein Glück nur gibt es ge - liebt — zu sein.

se-li-ge Won-ne du mein ich dein, ein Glück nur gibt es ge - liebt — zu sein.

cres.   *f*   *ritard.*

Ped.   ✲ Ped.   ✲ Ped.   ✲ Ped.

Finale. Allegro. ♩ = 132.

Ped.   ✲   Ped.   ✲

Ped.   ✲   Ped.   ✲

Dialog:
Juliette: Es waltet eine höhere mächtigere Hand, der wir
uns in Demuth fügen müssen! Sie hebt die Hand empor.
Firmin reibt sich die Backen.

M: O lass mich sie fas _ sen die theu _ re,

J: Nun ich kahn es fas _ sen welch himm _ lische,

V: O lass mich sie fas _ sen die theu _ re

F: Nun lass sie mich fas _ sen die hö _ he _ re

M: theu _ re Hand. Ein Traum war die Sor _ ge Gott_lob sie ent _ schwand.

J: himm _ lische Hand. Durch Wun _ der ge _ fügt hat diess glück _ liche Band.

V: theu _ re Hand. Ein Traum war die Sor _ ge Gott_lob sie ent _ schwand.

F: hö _ he _ re Hand. Gern will ich mich fü _ gen dem mäch _ ti _ gen Band. _

88

C. 25404.

Molto vivace. ♩= 144.